AF229812

ÉLOGE FUNÈBRE

DE MESSIRE

GUILLAUME-BENOIT LESUEUR,

Curé de Saint-Patrice, Chanoine honoraire de l'Église Métropolitaine
et Docteur en Théologie de la faculté de Soissons,

DÉCÉDÉ LE 26 FÉVRIER 1850, ET INHUMÉ LE 28 DU MÊME MOIS ;

PRONONCÉ

PAR M. L'ABBÉ SÉLÈQUE, VICAIRE DE SAINT-PATRICE,

Au Prône de la Messe paroissiale, le Dimanche 3 Mars suivant ;

Imprimé à la demande de MM. les Membres du Conseil de Fabrique,

ET AU BÉNÉFICE DES PAUVRES.

ROUEN.

IMPRIMERIE-LIBRAIRIE MÉGARD ET Cie,

Rue du Petit-Puits, 21, et Grand'Rue, 156.

1850.

ÉLOGE FUNÈBRE

DE MESSIRE

GUILLAUME-BENOIT LESUEUR,

CURÉ DE SAINT-PATRICE.

L'absence d'une tête infiniment vénérable au saint autel, cette stalle couverte de noir en signe de deuil, la cérémonie funèbre que nous avons célébrée jeudi dernier, celle à laquelle nous vous convoquons pour mercredi prochain (1), tout ici vous rappelle, mes frères, la perte douloureuse que nous avons faite de notre excellent et bien-aimé Pasteur. Non, il n'est plus cet homme de bien, ce digne Curé, objet, de notre part, de la plus haute estime et de la plus vive affection. Au milieu des misères et des chagrins de cette vie, il nous faut encore supporter cette déchirante sépa-ration que Dieu a ordonnée, et que l'ange de la mort a accomplie, sur un signe de sa volonté.

Ah ! qui de nous, mes frères, dans cette belle

---

(1) Un Service que le Conseil de Fabrique devait faire célébrer.

paroisse, n'était fier et glorieux d'avoir à sa tête ce noble vieillard chargé de mérites aussi bien que d'années, et dont les vertus aussi bien que l'extérieur commandaient le respect et la vénération à tous ceux qui l'approchaient? Mais que peuvent la plus haute estime et même l'admiration des hommes en présence des ordres de l'Éternel? Le ciel est jaloux de la terre lorsqu'elle possède un mortel dont les qualités sont l'imitation et la reproduction des attributs divins.

Oui, tel fut Messire Guillaume-Benoît Lesueur, décédé Curé de cette paroisse, Chanoine honoraire de l'Église Métropolitaine de Rouen et Docteur en théologie de la faculté de Soissons.

Ordonné prêtre quelques années avant la première révolution, il fut chargé, comme vicaire, d'évangéliser les ouailles d'une pauvre campagne (1). Lui, homme de haute intelligence et déjà de grande érudition, on le voit mettre une complaisance infinie à s'abaisser jusqu'à la faible portée d'esprit de ses auditeurs, afin d'apprendre aux petits enfants à bénir le nom du Seigneur, et aux bons paysans à servir le Maître tout-puissant qui féconde leurs sillons. C'est dans cette douce et paisible occupation que les perturbations politiques viennent le trouver.

---

(1) Mesnières-en-Bray.

Tout à coup l'éclair sillonne la nue, l'orage, qui déjà grondait dans le lointain, éclate avec fracas ; la tourmente révolutionnaire ébranle et ravage le sol de la patrie, et les pauvres ouailles sont frappées de stupeur et d'épouvante, et les bons pasteurs, placés entre leur tendresse pour un troupeau chéri et les devoirs impérieux que prescrit la conscience austère du prêtre, sont obligés, pour obéir à l'ordre du souverain Maître, de fuir une terre qui dévore ses habitants.

Arrivé sur un sol étranger, notre digne Curé en est réduit d'abord à gagner péniblement sa vie à la sueur de son front. Mais bientôt, ses rares facilités lui faisant apprendre parfaitement la langue du pays, il devient professeur de langues vivantes aussi bien que de langues anciennes ; et dans les chaires d'Allemagne, comme autrefois dans le temple de Mesnières-en-Bray, c'est encore de Dieu qu'il parle, c'est encore sur le ciel qu'il prêche, c'est toujours la sainte religion qu'il enseigne. En un mot, pendant toute la durée d'un exil de dix ans, son langage et ses actions nous le représentent constamment comme le guide et l'instructeur de l'ignorant, le consolateur de ses confrères affligés, le soutien des pauvres prêtres réduits à la dernière indigence, et toujours, toujours et avant tout, le digne ministre de Jésus-Christ.

Mais Dieu, du haut de son trône, a entendu

les prières et les gémissements du clergé fran-
çais. Il rappelle l'ange exterminateur ; à sa place,
il envoie, l'olivier à la main, celui de la paix
et de la consolation. Et la sainte Sion arrête le
cours de ses larmes, et les temples du Seigneur
sont ouverts, et les fidèles joyeux et empressés
y accourent en foule, affamés qu'ils sont de la
nourriture céleste, altérés des eaux vives et pures
qui rafraîchissent le cœur jusqu'à la vie éternelle ; et les bons pasteurs reviennent à leurs
ouailles chéries, leur parler du Dieu tout-puissant qui renverse et relève, blesse et guérit, afflige
et console, et qui chérit toujours l'âme vertueuse
et le chrétien fidèle.

Rentré dans la patrie et dans ce diocèse, notre
vénérable Curé y apporte ces connaissances éten-
dues et variées qu'il a acquises dans les longues
études de l'exil. Après avoir occupé quelque
temps le vicariat de la ville d'Eu, il est bientôt
appelé, et successivement, à deux importants vica-
riats de cette ville (1). Dans l'un de ces postes,
sa mission principale est de secourir l'indigent,
de consoler l'affligé, de relever l'homme abattu
et désespéré ; et c'est en homme de cœur, en
homme d'abnégation et de dévouement, qu'il
remplit cette belle mission qui fait du prêtre

____

(1) Saint-Maclou et la Cathédrale.

bienfaisant l'ange consolateur des misères de la terre.

Dans l'autre poste, plus élevé que le premier, et dont son mérite le rendait bien digne assurément, il étonne tout à la fois les fidèles, ses confrères et ses supérieurs, par l'élévation de son enseignement, la vaste étendue de sa science, la profondeur de ses pensées, la noblesse et la majesté de son langage. Et, en même temps, on le voit remplir avec la plus scrupuleuse attention et la conscience la mieux éclairée, tous les devoirs d'un ministère aussi pénible qu'il est brillant, aussi fatigant qu'il est glorieux. Ah ! c'est là surtout qu'il s'était fait de nombreux amis, dont l'affection opiniâtre a résisté à la marche du temps, et qui sont venus jusqu'à sa tombe lui payer, par leurs larmes, le tribut de leur vieille amitié.

Un homme d'un si grand mérite, d'une aussi haute vertu, devait nécessairement avancer dans la hiérarchie ecclésiastique ; aussi fut-il appelé au doyenné de Caudebec-en-Caux, paroisse qu'il a administrée, pendant quatorze ans, avec une charité inépuisable et un incontestable dévouement.

Enfin, une des plus hautes dignités de l'Église de Rouen était réservée à Messire Guillaume-Benoît Lesueur. C'était la cure de Saint-Patrice, une des plus belles, des plus honorables, sans

contredit, de tout le diocèse. L'autorité ecclésiastique le nommait successeur du pieux et savant
M. Picot.

Alors on vit apparaître dans cette paroisse,
dans cette église, cet homme déjà avancé en âge,
aux manières simples et nobles tout à la fois, à
l'extérieur austère, mais bienveillant, à la physio-
nomie spirituelle et en même temps pleine de
franchise et de distinction. Il n'eut qu'à paraître
pour être favorablement apprécié de tout ce que
la paroisse possédait et possède encore de plus
respectable ; il se concilia bien vite l'estime et
l'amitié des Martainville, des Le Pigny, des Rivaud
de la Raffinière, des Milleville, des Valory, et
de bien d'autres familles aussi honorables qui
m'entendent en ce moment, et que je ne veux
pas nommer, pour ne pas blesser leur modestie.

Quel bien ce digne Pasteur n'a-t-il pas opéré
dans cette paroisse pendant son administration,
qui n'a pas duré moins de vingt-quatre ans ?

Quel magnifique et sublime enseignement il
vous donnait, mes frères, du haut de cette chaire
où j'essaie en ce moment, d'une manière bien
imparfaite, de célébrer ses vertus et son mérite !
Savant comme un bénédictin, ou plutôt comme
un père de l'Église, il exposait devant vous les
richesses de la science religieuse et ecclésiastique,
avec une fécondité inépuisable. Exempt d'exagé-

ration comme de petitesse, il savait montrer la religion telle qu'elle est, c'est-à-dire grande, noble, douce et consolante pour la pauvre humanité. Comme il faisait aimer Dieu ! comme il faisait chérir la vertu ! comme il attirait à la pratique des œuvres de la religion les esprits indifférents, et même les pécheurs lassés dans la voie de l'iniquité !

Quelle édification n'offrait-il pas à sa paroisse, même dans l'âge le plus avancé, par cette constante assiduité à tous les offices de l'église? Quelle pieuse tenue, quelle sainteté ne faisait-il pas paraître dans les prières publiques, dans sa manière de célébrer les saints mystères ! On eût dit un de ces majestueux vieillards que l'Écriture nous représente environnant le trône de l'Éternel. Comme nos fêtes étaient dignement célébrées lorsqu'il y présidait ! Comme il savait donner de la pompe à nos solennités !

Pour moi, je me rappellerai toute ma vie cette belle voix, aussi fraîche que celle de la fraîche jeunesse ; je me la rappellerai surtout vous invitant à élever vos cœurs vers le Dieu du ciel, en vocalisant, pour ainsi dire, d'une manière surhumaine, les sublimes accents de la préface : *Sursùm corda.*

Oh ! il était grand ce cœur qui, en s'élevant ainsi jusqu'au trône de l'Éternel, savait y entraîner les cœurs de l'assistance, et même de la paroisse entière ! Aussi ne sommes-nous pas surpris, mes frères, de le voir se répandre en toutes sortes d'œuvres de bienfaisance, soit envers son église, soit à l'égard des pauvres et des infortunés.

Voyez ces vitraux, magnifique et incomparable ornement de cette église ; oh ! ils vous parlent de lui ; leur beauté, leur nouvelle disposition, le dessin et le coloris des plus fraîches verrières, tout vous dit qu'il a employé des sommes considérables pour l'augmentation et l'embellissement de cette galerie sacrée, qui fait la gloire de cette paroisse et l'admiration de tous les étrangers.

Et ces maisons qu'avec l'aide de quelques personnes secourables il a fondées pour l'instruction gratuite de l'enfance, ne prouvent-elles pas, de sa part, la plus grande générosité de cœur et un fonds inépuisable de bienfaisance et de charité ?

Oh ! s'il fut bienfaisant et charitable, dites-le-nous, vous, pauvres de Jésus-Christ qu'il assistait depuis de longues années avec un vrai dévouement ! Ah ! nous le savons bien, nous, il suppléait toujours à l'insuffisance des quêtes qui vous concernaient, et souvent il vous assistait de ses seules ressources pendant un temps considérable.

S'il fut bienfaisant et charitable, dites-le-nous, vous, pauvres familles allemandes, qui, dans cette grande ville, ne trouviez que son cœur à qui vous pussiez vous adresser, comme il n'y avait que son oreille bienveillante qui pût vous entendre !

S'il fut bienfaisant et charitable, oh ! dites-le nous, vous, pauvres petits enfants étrangers, à qui il rompait doublement le pain de chaque jour, c'est-à-dire le pain de la parole de Dieu pour la nourriture de l'âme, et le pain substantiel et alimentaire pour le soutien de votre chétive nature !

Oh ! s'il fut plein de bonté, de mansuétude et de bienveillance, chacun de nous le sait, mes frères ! Quelle amabilité n'apportait-il pas dans le commerce de la vie ? Quelle indulgence envers tout le monde, à l'exception de lui-même ! Comme ses manières étaient agréables ! Comme il possédait ce bon ton, ce langage poli, cette exquise urbanité qui, hélas ! vont chaque jour s'affaiblissant de plus en plus ! Comme il s'empressait à consoler les affligés ! Comme il savait trouver, même dans l'âge le plus avancé, de ces paroles douces et affectueuses qui pénètrent jusqu'au cœur ulcéré, pour verser un peu de baume sur des blessures réputées incurables !

Oh ! ils ne l'ont pas connu, ceux qui, ne voulant l'apprécier que par l'austérité de son extérieur, le croyaient dépourvu de sensibilité ; non, ils ne l'ont pas connu ; car, sous cette apparence austère, nous en avons fait l'expérience, nous, il y avait un cœur profondément sympathique pour tous les chagrins, pour toutes les infortunes ; un cœur susceptible même de se rendre malheureux en compatissant aux malheurs d'autrui.

Tant de belles qualités ne pouvaient rester perpétuellement sur cette terre ; car, après tout, la vertu ne trouve pas sa récompense ici-bas. Dieu seul peut être la récompense du juste. Aussi le Seigneur ne lui a-t-il envoyé qu'une maladie de bien courte durée, pour hâter en quelque sorte le moment de la réunion.

Oh ! mes frères, combien nous aurions désiré que vous fussiez témoins de sa soumission et de sa résignation au milieu de ses souffrances ! Quelles belles et consolantes paroles il nous a adressées ! Il en est une surtout que nous voulons vous transmettre comme un legs pieux, comme une disposition testamentaire venant d'un père mourant.

Nous lui avions récité les prières des agonisants, et déjà, avec le cœur brisé par la douleur, nous avions prononcé ces navrantes paroles : Partez, partez de ce monde, âme chrétienne. *Proficiscere, anima christiana, de hoc mundo.* Alors, nous nous approchâmes de lui, et nous lui recommandâmes de mettre toujours sa confiance dans le Seigneur ; et il nous répondit : *C'est le seul bien qui me reste.* Ce furent ses dernières paroles. Une heure après, nous prononçâmes pour lui ce verset du psalmiste : Seigneur, je remets mon esprit entre vos mains. *In manus tuas, Domine, commendo spiritum meum.*

Et soudain il exhala son dernier soupir au milieu de l'effusion de notre tendresse et de notre douleur.

Vous avez entendu, mes frères, les dernières paroles de notre bien-aimé Pasteur : la confiance en Dieu est le seul bien qui nous reste à la mort. Confiez-vous donc, à son exemple, dans les bras de l'Eternel ; espérez en la bonté du Seigneur, et il vous soulagera dans les peines et les travaux de la vie, et il vous fera miséricorde, lorsque vous reviendrez de vos égarements ; et lorsque vous rendrez votre dernier soupir, il vous introduira dans les tabernacles éternels.

Nous avons rendu aux dépouilles mortelles de notre si vénérable Curé tous les honneurs qu'on peut rendre à un homme vertueux, à un saint ministre, à un bon Pasteur ; et nous avons eu la précieuse consolation de voir notre douleur comprise et partagée par tous nos paroissiens. Que dis-je ? Un deuil immense est venu s'associer à notre deuil. Le premier Pasteur de ce diocèse, en assistant à ses funérailles, a voulu honorer tout à la fois le saint Prêtre, le Doyen des Curés et une des plus vives lumières de l'Eglise de Rouen.

Le clergé de la ville a voulu prouver, par son concours nombreux et empressé, qu'il le considérait comme un maître, un modèle et un des plus glorieux débris de ce vénérable clergé échappé à la hache ou aux tempêtes des révolutions.

Vous, mes frères, vous l'avez accompagné, vous l'avez regretté, et vous le regretterez longtemps, comme un homme éminemment vertueux, comme un digne coopérateur de Jésus-Christ, comme le meilleur des Pasteurs.

Et nous qui étions associés depuis longtemps déjà à son ministère et à ses travaux apostoliques, nous le regrettons comme un cœur grand et généreux, comme un ami dévoué, comme le plus tendre des pères. Ah! jamais, non jamais, nous ne pourrons oublier ses leçons de prudence, ses excellents conseils, sa constante bienveillance et son affection inaltérable. Nos regrets ne seront pas seulement imprimés sur le papier, ni gravés sur la pierre; mais ils seront bien profondément gravés au fond de notre cœur, qui ne cessera de chérir sa mémoire que lorsque la mort viendra le glacer de ses cruelles étreintes.

Ah! mes frères, sous l'empire de ce regret profond que nous éprouvons tous, prenons la résolution de nous réunir encore mercredi prochain, dans cette église, pour former, en faveur de notre si vénéré Pasteur, une commune prière, une prière toute paroissiale, qui puisse monter comme la fumée de l'encens vers le trône de l'Eternel. Venons offrir tous ensemble, pour le repos de sa belle âme, le sacrifice de Jésus-Christ Notre-Seigneur. C'est ainsi que nous lui prouverons la sincérité de notre affection, et nous pourrons dire avec saint Ambroise, parlant sur la mort de l'empereur Théodose : Oui, je l'aimais, et voilà pourquoi mon cœur et ma pensée le suivent jusqu'à la région des vivants. *Dilexi, et ideò prosequor eum usquè ad regionem vivorum.* Et je ne cesserai de pleurer et de prier jusqu'à ce qu'il soit arrivé où ses mérites l'appellent, c'est-à-dire sur la montagne sainte du Seigneur, où la vie ne finira jamais. *Nec deseram, donec fletu et precibus inducam virum quò sua merita vocant, ad montem Domini sanctum, ubì perennis vita.*

Prenons nous-mêmes, mes frères, le chemin qui conduit à cette sainte montagne, en suivant les leçons de notre Pasteur bien-aimé, en imitant ses beaux et nobles exemples. Ainsi, nous nous rangerons encore sous sa houlette pastorale, et nous mériterons qu'il nous introduise lui-même dans la bergerie éternelle de celui que l'Ecriture appelle le bon Pasteur par excellence, qui est Notre-Seigneur Jésus-Christ.

Ainsi soit-il.

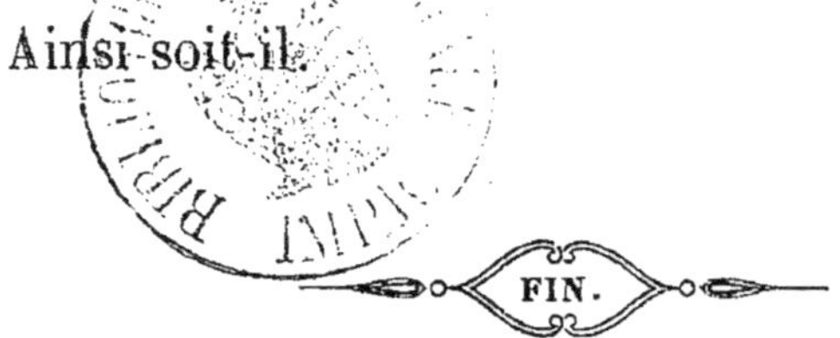

FIN.